bissexto sentido

Signos 25

Coleção Signos	Dirigida por Haroldo de Campos
Supervisão Editorial	J. Guinsburg
Assessoria Editorial	Plinio Martins Filho
Produção	Ricardo Neves
	Adriana Garcia
Capa	Guilherme Mansur
Editoração Eletrônica	Ricardo Assis

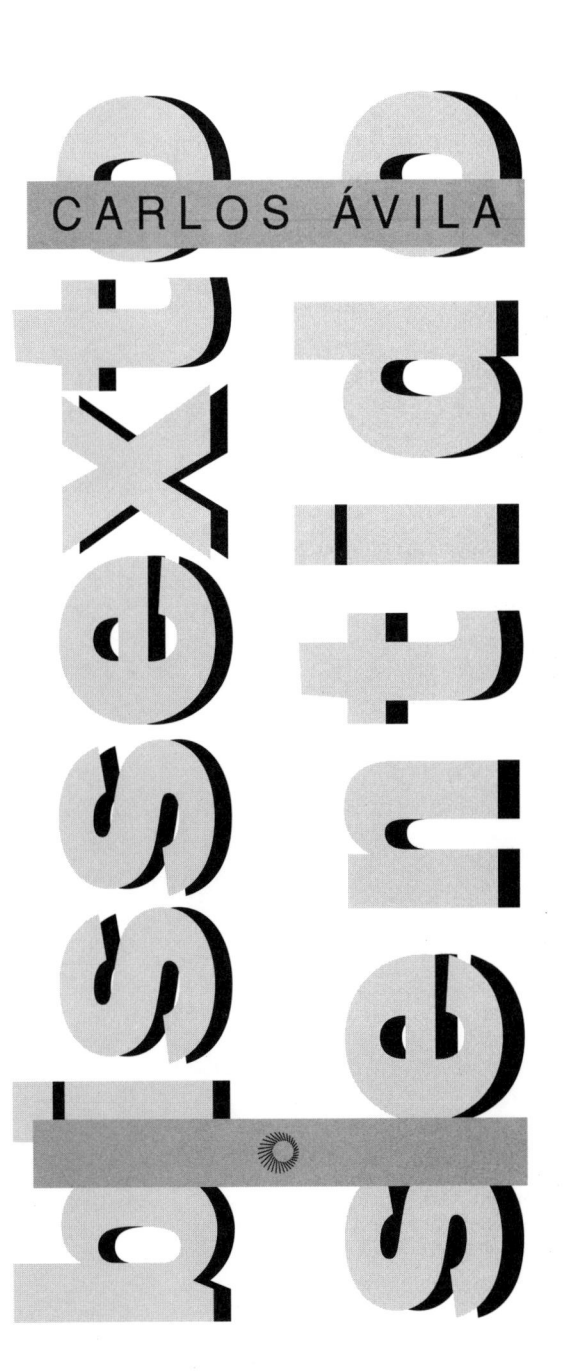

CARLOS ÁVILA

bissexto sentido

Dados Internacionais de Catalogação na Publicação (CIP)
(Câmara Brasileira do Livro, SP, Brasil)

Ávila, Carlos
  Bissexto sentido / Carlos Ávila. – São Paulo :
Perspectiva, 1999. – (Signos ; 25)

ISBN 85-273-0190-3

1. Poesia brasileira   I. Título.   II. Série.

99-1962   CDD-869.915

Índices para catálogo sistemático:
1. Poesia : Século 20 : Literatura brasileira
   869.915
2. Século 20 : Poesia : Literatura brasileira
   869.915

BRASIL
500
ANOS

Direitos reservados à
EDITORA PERSPECTIVA S.A.
Av. Brig. Luís Antônio, 3025
01401-000 – São Paulo – SP – Brasil
Telefone: (011) 885-8388
Fax: (011) 885-6878
1999

Esta primeira edição de *Bissexto Sentido* reúne a série de poemas inéditos em livro, *Ásperos*, e dois outros livros anteriormente publicados:

Sinal de Menos – Tipografia do Fundo de Ouro Preto, 1989, com capa de Erthos Albino de Souza (arte-final de Sérgio Luz); projeto gráfico e edição de Guilherme Mansur.

Aqui & Agora – BH, Edições Dubolso, 1981, com capa e arte-final de Myriam Ávila; projeto gráfico e edição de Sebastião Nunes. (Obs.: O poema "mais uma vez me sento" foi deslocado para a seção "Oficina"; o poema "Emily" foi incluído na seção "Quatro Tempos".)

• • •

O poema *30*, originalmente publicado na revista *Código*, número 10 (Salvador, Bahia, 1985 – editor Erthos Albino de Souza), foi incluído isoladamente nesta edição, como "passagem textual" entre *Aqui & Agora* e *Sinal de Menos*.

SUMÁRIO

ÁSPEROS (1990/1997)

- *15* Poema-prefácio
- *17* O caos A vida O nada
- *18* Poetry: the word I am thinking of
- *19* Rima Pobre
- *20* Num monumento ao whisky
- *21* Noite
- *23* Da palavra ao corpo
- *24* Rua Outono
- *26* Baudelaire sob o sol
- *27* Neighbours
- *28* Sem profissão
- *29* Improviso: 24.03.93
- *31* Mais um Maio
- *33* Sem
- *34* Mauvais Sang
- *35* Um Lance
- *36* Les événements m'ennuient (ou claro enigma)
- *37* Narcissus poeticus
- *38* Rascunho no espelho
- *40* Le temps mange la vie
- *41* Crepúsculo
- *42* Jogo ou Poesia
- *43* Aqui
- *44* Túmulo do poeta desconhecido
- *46* O cheiro da morte
- *47* The End

SINAL DE MENOS (1982/1989)

I

53 Poiesis
54 Última flor do Lácio
55 Um ímã
56 Olho as coisas que me olham
57 Em que mão
58 Não se iluda
59 A letter
60 D'après Celan
61 Desfaço
62 A haste

II

65 Sem sobrenome
66 Voltei à vida
67 Mais uma vez
68 Brusco
69 Perdido entre signos
70 As viagens
71 Paris
72 Ambíguo
73 O amor
74 Abraço
75 No canto dos pássaros
76 O sol
77 Escrevo
78 Estrelas
79 Sinal de menos:
    mudo
      estes fragmentos
    texto

30 (1985)
87 30

AQUI & AGORA (1971/1981)
93 Ao leitor
95 Frag men tos:
      a cre ditar
      ver de
      rasgar
101 Oficina:
      Self-portrait
      Homem/Signo
      Os últimos serão os primeiros
      Primeiro o sal, depois a água
      Broca
      Coração
      A nudez do papel
      Que brar
      Senha secreta
      Mais uma vez me sento
      PS - Poesia
115 Quatro tempos (hommages):
      My name is Billie Holiday
      Digital para Rimbaud
      Solo para Huidobro
      Emily
121 Interferência:
      interferência
      há que viver
      a biblioteca arde em chamas
      a ausência de um vocabulário
      e no entanto digo
129 Eixo:
      voltar a cabeça, a página

        Até você
133 Azulejos Europeus:
        Castelo de Kenilworth
        Ávila
        Toledo
        Tourada em Barcelona
        Florença
141 Aqui & Agora:
        o terceiro mundo
        água mole
145 NÃO!:
        não quero ser o poeta

PÓS-POESIA

151 Outras palavras
159 Uma voz sobre a pedra - Maria Esther Maciel

ÁSPEROS

1990/1997

Pardonnez-moi mon ignorance
Pardonnez-moi de ne plus connaître l'ancien jeu des vers
Je ne sais plus rien et j'aime uniquement
Les fleurs à mes yeux redeviennent des flammes
Je médite divinement
Et je souris des êtres que je n'ai pas créés
Mais si le temps venait où l'ombre enfin solide
Se multipliait en réalisant la diversité formelle de mon amour
J'admirerais mon ouvrage

APOLLINAIRE

POEMA-PREFÁCIO

pedra grossa &
lavra fina
(disse o mestre)

aspiro à dicção
áspera:
    uma garra
    (a ferro & fogo)
    engastada
    na garganta

aqui
se tenciona
o dizer & o não-dizer
através do não-canto

aqui
se entona
(cortante)
o maldizer
através do não-conto
(uma espécie de
parler sans avoir rien à dire
?)

aqui
se aciona
(carnadura concreta)
um exercício
(ainda)
de palavras
num deserto de possíveis

O CAOS A VIDA O NADA

o caos
como modus operandi:
do murro na mesa
à queda do muro
nada mudou muito

a vida
mero acaso bio-cósmico:
vivamos, mea lesbia, atque amemus...
o fim do mundo
pode ser o fim de um mundo

o nada
de novo sob o sol:
nada como um dia atrás do novo
o sem-sentido
aponta sempre para um sentido outro

POETRY: THE WORD I AM THINKING OF

& não será
a poesia
(femme fatale)
apenas uma palavra
dentro de outra palavra
que não quer dizer nada
& não será
a poesia
(femme publique)
apenas a migalha
dentro de outra migalha:
fogo de palha
& não será
a poesia
(femme de chambre)
apenas o ar assoprado
por um aloprado
no ouvido do olvido
& não será
a poesia
(femme grosse)
apenas o resto
de um almoço indigesto
entre convivas no inferno
?

o que será
(une femme: infâme)
será

RIMA POBRE

no vão
do ão – rima pobre
sou o cão vadio
o vazio não
no vão
do ão – ramo pobre
sou o grão-mestre de nada
picada sem fim
no vão
do ão – primo pobre
sou o chão batido
alarido de bufão
no vão
do ão – pedra podre
sou o oco do barroco
o pau torto
no vão
do ão – terra podre
sou o farelo do pão
ladrão de palavras
no vão
do ão – tempo pobre
sou o antiprofeta
sabão sem pedra

no vão
do ão – poeta chão

NUM MONUMENTO AO WHISKY

o prosaico
invade o poético:
um copo de whisky
por exemplo

toma o lugar
– fácil, fácil –
de um texto
do complexo trabalho
de fazê-lo

bebida destilada
encharca a alma
saturada de palavras
dando vida
(audácia etílica)
ao momento:

meu whisky é meu verso
o resto...

NOITE

estrelas apagam-se
janelas fecham-se
a noite cai
(como fruto maduro)
dura de roer

estrelas apagam-se
guardam o segredo
de si-próprias
anos-luz daqui

janelas fecham-se
encerram pessoas
em si-mesmas
luzindo aqui

estrelas são janelas
que se fecham
(na noite
haikais)

janelas são estrelas
que se apagam
(noite
sem cais)

estrelas apagam-se
janelas fecham-se
a noite cai
(como um sussurro)
dura de doer

DA PALAVRA AO CORPO

tarde
pela janela do Ap
abrasada pelo sol

no escritório
(onde, as escrituras?)
as estantes são distâncias

livros exalam
palavrasonscores
em difícil poesia

folheando
despetalo rosas
antes, despedaço

no espelho
da folha branca (reles papel)
um apelo:

échec/réussite
tudo (lá fora) grita
vida vida vite!

o corpo
(afinal) ergue-se
abraçado pelo sol

& segue

RUA OUTONO

na rua outono
(rua d'antanho
com árvores
impressionistas)
vivem todas
as estações do ano

ali
o poeta pedestre
(pareil à la feuille morte)
segue ao vento
sem metro
ou mestre

a rua
(suas extremidades curvas)
propõe um teorema:
é uma presença
feita de ausência
um anti-tema

& no entanto
aqui se inscreve
(passagem obrigatória)
como reles retórica
no rascunho semiótico
da cidade

na rua outono
(rua de estranhos
com ares
impressionantes)
morrem todas
as ilusões do ano

BAUDELAIRE SOB O SOL

o sol
(a ser adjetivado:
im-pla-cá-vel)
descorou a capa
de um volume de baudelaire

as flores do mal
(descubro)
não resistem à lenta
violência do sol
(sol de boca-de-sertão
que estorrica o solo?)

também
quem mandou
colocar a estante
nesta posição:
o que estaria baudelaire
(em efígie gráfica)
fazendo no sertão?

se as flores do mal
não suportam o sol
(repondez baudelaire)
resistiriam aos punhais
do óxido e do sal?

NEIGHBOURS

o idiota que grita noite adentro – qual o seu idioma? a negra cega sempre tocando órgão: o som – monocórdio – sai do coração. o jovem casal que trepa o dia inteiro (suspiros e ais penetram as paredes). o videota do andar de baixo drogado o tempo todo diante da tv. a histérica do andar de cima berra com as crianças – uma pantomima: TENANTS OF THE HOUSE / THOUGHTS OF A DRY BRAIN IN A DRY SEASON

SEM PROFISSÃO

o sol
(fraco e frio)
entre ferragens retorcidas
oxidadas
depois de dias de chuva

(fios
árvores caídas
lixo por toda parte)

de uma janela
aberta na tarde
sai o som de uma remington
(movida a lenha)

um homem sem profissão
tenta o impossível:
escrever um poema

a luz
(fraca e fria)
não aquece o seu coração

IMPROVISO: 24.03.93

cuidado
FRÁGIL
(como aviso em caixa
de papelão)

frágil
(como estalactite
que se dissolve
num sopro de ar)
o coração
atinge o limite
quer parar

frágil
(como uma papoula
que se desmancha
ao toque da mão)
cansado
o coração
não quer mais cantar

frágil
(como porcelana
cristal louça vidro:
cacos de vida)
o coração
calado
é causa perdida

cuidado
FRÁGIL
à vista em cada
coração

MAIS UM MAIO

Une bouche suffit au mois de Mai des mots
Pour toutes les chansons et pour tous les hélas
                                    LOUIS ARAGON

mais um maio
vazio
sem você

mais um maio, minas
mais um maio sem palavras
desmaio do sentido:
sem canções
corações em repouso
– pausa –
prosa chocha
poesia pra ninguém

mais um maio
"e nenhum filhodaputa
pra conversar comigo"

mais um maio amargo
sem praia mar ar
(taquicardia-a-dia)

mais um maio
menos um mês
sem você

mais um maio
azulestrelado
& muita lama aqui embaixo

SEM

sem
o ouvido sutil
de mallarmé
o que fazer?
reaprender a ouvir
para depois
– quem sabe –
escrever?
e escrever o que
a quem?
poemas que fossem canções!
palavra e som
unidos
cristalinos
soariam como sinos
nunca antes ouvidos?
falta-me
falta-nos ouvido
sobra-me
sobra-nos olvido:
o olvido fútil
sem

MAUVAIS SANG

sangue
é mais doce que mel
escorre corre corre
como rio
VERMELHO
pelas veias e vasos
irrigando um
(maior do que o mundo)
coração
também vermelho

sangue
é mais amargo que fel
escorre nasce morre
como riso
VERMELHO
pelos lábios e dentes
provocando um
(menosprezo imundo)
escárnio
também vermelho

sangue ruim
VERMELHO VÔMITO
doceamargo fim

UM LANCE

um velho
& uma puta jogam dados
no fundo do bar
un coup de dent
no cu da madrugada
significando nada

um velho
& uma puta jogam conversa fora
no fundo do fundo
où rien n'abolira l'hasard
no céu da madrugada
a sorte está lançada

um velho
& uma puta jogam tudo
no fim do mundo
nuit, alcool, désespoir et pierrerie
no caos da madrugada
onde tudo é nada

LES ÉVÉNEMENTS M'ENNUIENT (ou claro enigma)

para me dizer
só mesmo em francês
a palavra blasé
blasé de todo
(de tudo)
poesia?
não me iludo
lúdico?
não me incluo
como não evocar
sá-carneiro?
o pilar
da ponte de tédio
o pilhar
do gosto médio
o pairar
por sobre o néscio
blasé de todo
(de tudo)
apenas um detalhe
no descascado muro
apenas um detrito
no tresloucado mundo
apenas um encalhe –
recado mudo:
blasé de todo
(de tudo)

NARCISSUS POETICUS

secou

(no vaso
sem água)

mal plantado
numa waste land
(minúscula)
de apartamento sombrio:
como resistir
a pó poeira poluição?

maltratado ex-narciso
à própria sorte abandonado
(rente ao piso)
sem fonte
nem espelho

secou
(só no vaso)
sem suor nem saliva
sem lágrima
que o pudesse salvar

morreu

(fuligem
na alma)

RASCUNHO NO ESPELHO

pé de página
pó de pátina do tempo:
apodreces toda manhã
no espelho

montes de palavras não-ditas
como montes de lixo
apenas
um uivo pra lugar nenhum
em português (língua morta)
um grito para nada
MERDA
& um rosto de pedra

apodreces
apascentas
tuas ovelhas de nuvens
no espelho
todamanhã todanoite todonada
uma vaia que não vai a partealguma
(ninguém da tua laia)

apenas
um terreno baldio
um barco à deriva:
T arame R farpado A tua S vida H
(traste)

maltrataste palavra & corpo:
pé de página
apodreces

LE TEMPS MANGE LA VIE

sessenta e tantos
ou setenta e poucos:
enfim
o epílogo
logo – o fim
entrando pela janela
pelos poros, pelas artérias

outrora belo
hoje velho esqueleto
alquebrado pelo tempo
têmporas afora

tempo sim
pouco tempo pela frente
a fronte rasgada
pelo frio dos anos
frisos, sulcos:
seiva seca

assim o outono
extinguindo-se
anuncia o inverno
o fim:
    o inferno
    com seus dentes de ouro

CREPÚSCULO

crepúsculo
que torna o mundo minúsculo
crepúsculo
que não cabe num opúsculo
crepúsculo
que faz o medo maiúsculo
crepúsculo
de uma raça (sem rima)
reles
& nada raro:
não inspira confiança
nem poesia
dança de signos
sem sentido
crepúsculo de um século
sem sol
ao avesso
(hércules sem músculos)
crepúsculo
que gera o anticrepúsculo
que devora tudo
úsculo

JOGO OU POESIA

jogo
ou poesia
(não sei)
jorro
ou pedraria
(não sei:
quem saberá?)
de que matéria é feita
a travessia
de EU
a ORFEU
da lira
ao delírio aqui inscrito
em mim finito

fogo
ou poesia
(não sei)
morro
ou penedia
(não sei:
quem saberá?)
de que artéria é feita
a tropelia
da LIRA
ao DELÍRIO
do eu
ao orfeu aqui inscrito
enfim finito

AQUI

continuar aqui
apesar de

roendo pedra
comendo amor

(montanhas?
são tão estranhas

acima – impassível
l'azur l'azur l'azur...

na única cidade
com abóbada celeste

abaixo – impossível
vida sem saída

labirintos: look around
the lonely people)

continuar aqui
à beira de

comendo pedra
roendo amor

TÚMULO DO POETA DESCONHECIDO

uma brochura
que mal se sustenta de pé
na biblioteca pública
de uma cidadezinha qualquer

as páginas amareladas
de uma antologia
com trezentos e tantos
tantos tantos "poetas"

um título
perdido
(muito cedo, muito cedo)
nas prateleiras de um sebo

apenas um nome
(nowhere man)
na babilônica
lista telefônica

numa obscura
repartição pública
(beneficência da língua portuguesa)
sem cura

um bardo bêbado
no fundo do bar
olhando pro nada
e pensando que é o mar

no tumulto da vida – o túmulo:
requiescat in pace
& não volte jamais

O CHEIRO DA MORTE

o cheiro forte
da morte
ocupando todos os espaços

tapar os buracos
orifícios, brechas
por onde a morte penetra

encará-la de frente
como o rosto do inimigo
rente

conhecê-la por dentro
como o poeta, definí-la:
a indesejada das gentes

THE END

    & assim
    mais um livro
    chega ao fim
    como o ano
    como o século
    como um pedaço de mim
    despedaçado contra o papel:
    baba-babel

    & assim
    mais um livro
    chega ao fim
    como o tempo
    como o espaço
    como um bagaço de mim
    embaraçado numa rede:
    selva-parede

    & assim
    mais um livro
    chega ao fim
    como a vida
    como o signo
    como um calhamaço de mim
    abraçado contra o peito:
    escrita-defeito

vai
livro natimorto
sai de mim
anjo torto

SIN ALD EME NOS

CARLOS ÁVILA

1982/1989

I

A incendeia PA os LA céus VRA
revolta SO os BRE mares A agi
ta PÁ o GI espírito NA poiesis

última flor
do Lácio

laço
ácido
lâmina

olor
do ócio

um ímã
– a linguagem –
um vírus

atravessa os cílios
penetra na íris
(cilício sobre a pele
silêncio sobre o planeta)

um não
– a linguagem –
uma nódoa

um sinal
sobre a testa

olho as coisas que me olham
penso e sou pensado
escrevo-me

poeteu:
um existir de palavra
no papel

¿
em que mão
se encerra
a pedra

pedra-pomes
(poema)
fome
de linguagem

em que mão

em que pedra
a pedra
?

não
se iluda
!

prosa:
dois dedos de
bastam
para dizer
o que se pensa

poesia
meia palavra
gasta

a letter

meu amigo
você deve ser
o poeta
que você é
pedra (palavra)
sobre
pedra
enquanto os outros
o que fazem
é atirar
pérolas aos porcos

d'après celan

cicatriz
marca
sinal
ferrete
labéu
perdido – sob o céu

DESFAÇO
j'efface
O PASSO
le pas
DESFAÇO
j'efface
A PALAVRA
le mot
O ESPAÇO
l'espace
& O ALENTO
et le souffle
FALTAM
manquent

a   h a s   t e

d o   p o e   m a

p e n   s a

II

C

sem

A

som

R

sem

L

som

bra

O

sem

S

sob

ren

ome

voltei à vida
aprendiz de mim
por vias outras
que não a poesia

§

voltei à tona
num átimo de tempo
atonal desejo
de ser outro

mais uma vez
sento
diante
da máquina
olhos
nos dedos
sem palavras
mais uma vez
sinto
sem palavras
olhos
nos dedos
diante
da máquina

brusco
(desmiolado)
busco
o elo   perdido   do sentido
derrapo   na pista   do texto
despisto

                      nem sinal
                                          desisto
partitura vazia
improviso

busco
(mais uma vez)
brusco
duelo   infinito   do poeta
desserviço   na pauta   do dia
dessentir

                      sem tesão
                                          ressentir
the wrong poet
in the wrong poetry

perdido entre signos
decifro devoro
persigo persigno
redecifro redevoro
entre signos perdido
devoro decifro
sigo poesigno
redevoro redecifro
entreperdido paraíso
voraz cifro
desenho & desígnio

as viagens
são os viajantes

os viajantes
fazem as paisagens

(paisagens
são linguagens)

o mundo é feito delas

paris
era uma fera
(eu:
25 anos)

ponto de referência
em 80
num giro
europeu

bebi
(il faut être toujours ivre)
o mundo

ambíguo

AmBiInSaMsO

insano

p/ eleonora

o amor
voa em toda parte

nos seus lábios
nos seus dedos

nas paredes do apartamento
entre os livros

o amor
vai a roma

sp ny rio
sopro ou assobio

rompe o dique
amor volat undique

abraço
(pernas)
a noite

copyright
corponight

(entreabertas)
olhos brilham

vulválvula

pênispenso
estrelas

no canto dos pássaros
quase-poema
arde a voz da tarde
no canto
      (sem alarde)
dos pássaros
         passos
sinais de um
(mais um)
quase-poema
e/ou partitura:
no canto dos cantos

O   s o l
bate
na estante
rebate
na mesa
e em mim
mesmo

morre
a e s m O

escrevo
versos ou não-versos
apuro palavra & som
no corte da linha
sem quebra de tom

provei de provença a poção
moldei cabeça e coração
o canto dos pássaros ouvi
(quant vey la lauzeta mover...)
mas parece que nada aprendi

ainda persigo a canção
o vôo de ventadorn
o ar de arnaut
o ah de amor
a cor do som

as estrelas

alcanço

no chão

os pés

tocando

sinal de menos

mudo

    diante de tudo

estes fragmentos

minhas ruínas

texto

exílio

exit

NOTAS

Amanhecer (Le Petit Jour): tradução-eco de um poema de Georges Bataille.

Tocando os pés no chão alcanço as estrelas: belo verso de Ronaldo Bastos, entreouvido numa canção popular no rádio e reimaginado visualmente na página branca: um ícone sensível.

30

Código 10
1985

30

trint'
anos
(já?!)
& o miolo mole
move
a mole dos anos
sonata de outono

parece que
A VIDA
foi ontem
EM FAC-SÍMILE
sim (a vida
em fac-símile):
o amor que move
os anos
sona-
ta de out (fora
de forma
o amor que move) ono
ano
s
trint'
a-e-um (espécie
de jogo:
ganha-perde
o poeta que

trincar
a linguagem)
trintar
(já?!)
miolo mole
o outono:
VIOLONS VERLAINE!

há
(1-6-1955)
trint'
anos
ah
!

L R Aqui & Agora

H M M
C M
 M Carlos Ávila
S GN

1971/1981

P/ ANTÔNIO JULIÃO (1951/1980)

ao leitor

DUVIDAR DE TUDO

este raro privilégio
pode ser seu

frag men tos

A ilusão de um sentido e outro sentido.
KILKERRY

a
cre
ditar
nas
p
a
l
a
v
r
a
s
ditas
nas
notas
t
  r
ê
  m
u
  l
a
  s
do
poe
ta
meigo
no
magro
mar
amar
go

ver
de
estrela
ver
e
per
seguir
de
perto
seu
r
a
s
t
r
o
certo

```
       rasgar
         as
       garras
         da
        vida
         na
        color
         ida
      e
        s
          c
            a
              d
                a
r o l a n t e
v o l a n t e
        do
        fin
         al
```

oficina

subito

self-portrait

hell
 c
 e
 u

```
L R        E
           O
H M M      O O   E
C M        O     U
  M        I     O
S   G N
```

```
        E              V R
        O              N
        O O E          H M M
        O O            C M M
        U              S   G N
        I O
```

os últimos serão os primeiros
os últimos serão sempre os últimos
os últimos serão os segundos
os últimos são os últimos
os últimos serão os terceiros
os últimos serão os últimos
os últimos serão os últimos
os últimos serão os terceiros
os últimos são os últimos
os últimos serão os segundos
os últimos serão sempre os últimos
os últimos serão os primeiros

primeiro o sal, depois a água
e beba enquanto está efervescendo
para desfrutar mais do seu
efeito refrescante.

primeiro o mal, depois a alma
e babe enquanto está enlouquecendo
para devorar mais do meu
defeito redundante.

BROCA

falha na alma de uma boca de fogo

coração

uma só palavra como o melhor refrão

a nudez do papel

a mudez do poeta

que
   brar
o ritmo do verso
osseva oa revercse
no resto

senha secreta
o poema
devora o poeta

mais uma vez me sento

diante dessa máquina

olhos nos dedos

sem palavras

mais uma vez me sinto

sem palavras

olhos nos dedos

diante dessa máquina

PS – POESIA

a briga do substantivo com o adjetivo

quatro tempos
(hommages)

meu nome é alma
sangue que corre
meu nome é lama
filha da chama

meu nome é sangue
alma que corre
meu nome é chama
filha da lama

MY NAME IS
BILLIE HOLIDAY

MAIAKOVSKI   SUICÍDIO

LORCA   FUZILAMENTO

LAUTRÉAMONT   LOUCURA

A GRANDEZA DE RIMBAUD FICARÁ NAS ARMAS

SOLO PARA HUIDOBRO

más que dominar las cosas
y los sentimientos
abandonarse a ellos

papoula no poema

EMILY

interferência

**interferência
na forma de comer beber respirar falar**

**há que viver
enquanto a biblioteca arde em chamas**

(p/ torquato neto
nas profundezas do inferno)

a biblioteca arde em chamas
amas
estas labaredas amarelas
relas
& roças
a harpa selvagem
miragem
de um dicionário deserto
abandonado

a ausência de um vocabulário
de expressão
: entronizar outros ritos
com ou sem sentido
no panorama de todas as fomes da fala

e no entanto digo
palavras
e no entanto tento
incendiar um vocabulário que não criei
e se enrosca à minha figura farpado

eixo

**voltar a cabeça, a página
perder o texto em vida
em dias**

**voltar a cabeça, a página
ganhar em vida o texto
em eixos
direção múltipla de leituras
invenção de espaços
brancos
voltar a cabeça, a página
máquina que imagina
enigma que engendra
vida e texto
espelhos
revoltar a cabeça, a página**

ATÉ o papel amarelecer a palavra envelhecer chegar dentro de **VOCÊ**

azulejos europeus

CASTELO DE KENILWORTH

o poeta escreve o poema na masmorra

ÁVILA

todo es piedra

TOLEDO

panos ao alto
velhas vielas
a ascensão de el greco

TOURADA EM BARCELONA

sangue NEGRO sangue
mancha
dibujos de picasso

FLORENÇA

**uma palavra de amor
para os tempos ferozes**

Aqui & Agora

o terceiro mundo

vai explodir

no quarto escuro

um segundo

e o primeiro tiro

água mole
          seu castelo
em pedra dura
          vai desmoronar
tanto bate
          quero estar presente
até que fura
          e comemorar

NÃO!

não quero ser o poeta de mil poemas
o poeta de cem poemas
sim
o poeta sem poemas

virar as costas ao sol
das letras
dar de ombros quando ouvir falar
no livro de fulano
nos contos de sicrano
nos beltranos beletristas
beletristes

e se me perguntam
mas o que você faz
você se interessa pelo que?
faço de desentendido
entendendo tudo
e não digo nada
ou então
louco de raiva
ouso pronunciar rouco
duas sílabas:
   VI-DA
e basta !

concursos prêmios suplementos
movimentos que não movem nada
a gorda glória
a fama fácil

difícil é ser
verbo que ninguém conjuga mais

poesia subentende vida
para que sobreviva

graças aos céus estou vacinado
imunizado
contra a chamada "literatura brasileira"
uma grande piada sem graça
entre tantas outras
nesse país de paroleiros

não escrevi um poema
não escreverei para os contentes
meu bissexto sentido não me permite publicar
o que acho bom e pouco

é isso aí
não estou louco
e assino embaixo

PÓS-POESIA

PÓS-POESIA

dt
OUTRAS PALAVRAS

"Bonito recusar um lugar ao sol para poder ficar tranquilamente ao sol. Carlos Ávila troca a legião dos beletristes pelo bissexto sentido."
ANTÔNIO RISÉRIO
(revista *Muda*, São Paulo, 1977)

"Thank you very much for sending me the copy of *"I"* with your grid poem in it – that's a fine tradition to be working, and I was delighted to see it".
DICK HIGGINS
(carta ao autor, New York/USA – 1/2/79)

"Carlos Ávila, caro poeta jovem:
Não foi sem emoção – desculpe, se a palavra está fora de uso – que recebi e li o seu livro. Senti-me de alguma forma ligado a ele, tão diferente embora do que sou ou suponho ser. É que, há mais de 20 anos, saudei o nascimento de um menino que tinha um nome caro para mim, não porque fosse o meu, mas porque era também o de meu pai. Com alegria justa, vejo agora esse poeta novo e arrojado que cumpre o seu destino – no mesmo rumo descobridor de Affonso e Laís –, a provar a constante renovação da vida, sob o signo da criação.
Obrigado, Carlos Ávila!
Afetuosamente, o melhor abraço de
CARLOS DRUMMOND DE ANDRADE"
(carta ao autor, RJ – 23/11/81)

"AQUI & AGORA
tudo pedra
onde medra ávila
aqui pedra
pedra agora
pedra
por dentro
pedra
por fora
azulejos de pedra
pedra móbile
pedra
CHAVE
de carlos ávila"
                           RÉGIS BONVICINO
                    (carta ao autor, SP – 16/12/81)

"Meu jovem e caro Carlos Ávila,
aqui estou com o seu belo livro de poemas. Não me lembro de ter visto, após 22, tão promissora floração de poesia, principalmente em MG cujo solo repousa em lâminas de minérios, minérios de ferro, ouro e pedras preciosas que desde os Árcades tem feito a grandeza das artes do país, nos setores da poesia, da música e da escultura".
                              EDGARD BRAGA
                     (carta ao autor, SP – 9/2/82)

"Essentially lyrical poets, for instance Duda Machado (b. 1944) and Carlos Ávila (b. 1955), showed interest in industrial languages (such as advertising) and the extra-verbal aspects of text production (such as image, font, color, etc.). Aspiring "constructivists" fashioned verse with a sharp awareness of phonetics, alphabetic qualities, and textual shape, exhibiting and expected sense of rigor and consciousness in text making, and valuing the subordination of experience to linguistic explorations. In many of these pursuits, fracture, paronomasia, and concision figure prominently".

CHARLES PERRONE
(*Harvard Library Bulletin* – New Series
Summer 1992 Volume 3 Number 2)

"do mim de
minas
descende o
carlos
capaz de
pedra grossa e
lavra fina"

HAROLDO DE CAMPOS
(poema-apresentação do livro "Sinal de Menos")

"A dicção destes poemas incorpora, refratada pelo prisma de uma sensibilidade original o bastante para safar-se das armadilhas do epigonismo, os procedimentos da poesia de vanguarda. Mas o que me parece mais alvissareiro na arte de Carlos Ávila é a consciência dos seus próprios limites e da possibilidade de superá-los".

JOSÉ PAULO PAES
(*Folha de São Paulo* – 26/8/89)

"grande abraço
por
sinal de menos
sinal de muita
sabedoria
e
poesia"

AUGUSTO DE CAMPOS
(cartão ao autor, SP – Julho/89)

"Grato pelo seu livro. É sempre uma festa receber, em casa, beleza, gosto, engenho, decoro. Tive outra visão do seu labor, e alma. Ampliação para melhor.
Atraiu-me, sobretudo, o perfeito

a   h a   s   t e

d o   p o e m a

p e n   s a

(...) O seu poema sintetiza fragmentos pascalinos (especialmente o "caniço pensante") com uma sensibilidade estranha, quase oriental. Haste pensa: na polissemia, o tempo e o ritmo oscilante de um *Cogito* poético, ainda não seco pelo cartesianismo às expensas de Descartes...etc."

ROBERTO ROMANO
(carta ao autor, SP – 21/7/89)

"As diferenças de leitura que se fazem dos modernistas, embora não sejam únicas ou determinantes, são elementos importantes nas distinções de projetos poéticos a partir da década de 70. Projetos que não são absolutamente excludentes, como alguns críticos e mesmo alguns poetas já mostraram. Paulo Leminski mostrou-o de modo especial em seu fazer poético, conseguindo aliar recursos construtivos e tom coloquial. Outro poeta que contribui de modo bem sucedido para que se observe esse trânsito é Duda Machado. Por outro lado, um poeta como Carlos Ávila, com seu severo *Sinal de Menos*, segue mais de perto a via construtiva, com significativos resultados".

JÚLIO CASTAÑON GUIMARÃES
(Gerações e heranças: algumas indagações –
A Palavra Poética na América Latina, SP
– Memorial da Am. Latina, 1992)

"Não há poeta contemporâneo autêntico que não faça ou tenha feito passar o seu signo verbal pelo vareio da experimentação e da "latitude dos países que avançam". Na gráfica impressa ou eletronicamente projetada, nomes como Sebastião Uchoa Leite, Sebastião Nunes, Nelson Ascher, Vinícius Dantas, Carlos Ávila, Valêncio Xavier (prosa icônica), Antônio Risério, entre tantos, são de referência obrigatória (...)".

DÉCIO PIGNATARI
(Livro-catálogo *30 Anos/Semana Nacional
de Poesia de Vanguarda – 1963/93*,
Sec. Municipal de Cultura – BH)

"No ambiente cultural brasileiro, o concretismo tem sido um divisor de águas. Seus não-simpatizantes foram e são muitos. Dos mais diversos calibres, qualquer denominador comum lhes seria impróprio. Ademais a falta do espírito de discussão cria, entre nós, unanimidades, positiva e negativa, que excluem a complexidade do fenômeno. O saldo é neste aspecto favorável ao concretismo: os que portam a marca recebida – Sebastião Uchoa Leite, Duda Machado, Carlito Azevedo, Antônio

Risério, Carlos Ávila, Nelson Ascher – concebem obras tão diversas que, implicitamente, declaram a complexidade com que dialogam. Não será tempo de aprendermos com eles?"

LUIZ COSTA LIMA
(*Folha de São Paulo* – 8/12/96)

UMA VOZ SOBRE A PEDRA
(A TRAJETÓRIA POÉTICA DE CARLOS ÁVILA)

MARIA ESTHER MACIEL

"a pedra dá à frase seu grão mais vivo:
obstrui a leitura fluviante, fluvial,
açula a atenção, isca-a com o risco."

JOÃO CABRAL DE MELO NETO

1

Carlos Ávila vem de uma linhagem de poetas lúcidos, voltados para a pesquisa e a sondagem criativa dos mecanismos de construção e desconstrução da linguagem poética. Poetas que, seduzidos pelos sortilégios da razão e do rigor, fizeram do poema um espaço ao mesmo tempo de invenção e de debate sobre si mesmo. Poetas, enfim, que acreditam com Valéry que "o difícil é sempre novo" e se dedicam a explorar, a medula e o osso da palavra.

Tal cumplicidade com esses poetas da lucidez não significa, contudo, uma filiação ou um confinamento. Carlos Ávila não apenas transita, com desenvoltura, em outros territórios, como também ocupa o seu próprio espaço poético, construído aos poucos, através de um trabalho silencioso e particular com a linguagem.

Mesmo mantendo os seus inegáveis vínculos com a tradição que vem de Oswald de Andrade, passa por João Cabral e desemboca na poesia concreta; mesmo dialogando com as linguagens de ruptura que marcaram o horizonte estético da modernidade ocidental, Carlos Ávila conseguiu burlar as armadilhas do epigonismo, como observa José Paulo Paes, para exercitar a sua própria dicção. E é nessa medida que ele não se presta ao confinamento literário em um *topos* previsível.

Sob o prisma do que Octavio Paz chamou de "estética da agoridade", Carlos Ávila – como outros poetas de sua geração – já não se ilude com a promessa utópica do futuro, que norteou os movimentos de vanguarda ao longo deste século. Por isso, não apenas se dá a tarefa de "pensar criticamente a poesia do presente", como propõe Haroldo de Campos, mas também se desobriga de assumir pactos poéticos coletivos, passando a se dedicar, cada vez mais, à exploração individual das potencialidades criativas da linguagem e a fazer de sua voz (ainda que pluralizada pela ressonância das vozes de seus precursores) o seu *habitat* poético por excelência. Consciente, como ele próprio admite, de que o "novo, hoje, é o que cada um puder acrescentar de seu".

Mineiro de Belo Horizonte, Carlos Ávila estreou em livro no ano de 1981, com *Aqui & Agora* (BH, Ed. Dubolso), de perfil predominantemente experimental/construtivista, e em 1989, publicou *Sinal de Menos* (Tipografia do Fundo de Ouro Preto), livro substantivo, cujo título, derivado de um verso de Drummond, abaliza a opção do poeta pela lógica da subtração. A partir daí, vem publicando seus poemas esparsamente em periódicos diversos, e hoje conta com *Ásperos*, obra prismática de refinado feitio intertextual.

Os três livros de Carlos Ávila sustentam, entre si, uma relação simultânea de continuidade e descontinuidade. Se o primeiro apresenta, como diz o próprio poeta, os passos iniciais de um "work in progress", o segundo funciona como avanço e contraponto das conquistas anteriores, enquanto o terceiro, em simetria dissonante com os outros dois, recria os procedimentos já explorados e se abre para vias até então intransitadas. Mas em todos, percebe-se um traço invariável: o cuidado formal, a lucidez crítica e a atenção dispensada à textura da linguagem, ainda quando o poeta se permite – em alguns poemas – um certo *feeling* de contido caráter expressivo ou imprime em sua poesia uma maior densidade verbal.

Creio, aliás, que essa aliança entre expressão e construção, que traduz, de alguma maneira, o jogo entre sensibilidade e entendimento, proposto por Fernando Pessoa ou a busca da palavra "toda nervo e osso", no dizer de Murilo Mendes, é o eixo da poesia de Carlos Ávila, como ele próprio admitiu em um ensaio-depoimento: "Nossa poesia continua 'em trânsito', no difícil circuito pessoano que envolve o sentir e o pensar, não como opostos mas sim como complementares".

Esse trânsito poético, feito sobretudo de saltos e recuos, aparece em vários textos do autor e chega a ser motivo de interrogação crítica, no poema intitulado "Jogo ou poesia", onde se lê na primeira estrofe:

Jogo
ou poesia
(não sei)
jorro
ou pedraria
(não sei:
quem saberá?)
de que matéria é feita
a travessia
de EU
a ORFEU
da lira
ao delírio aqui inscrito
em mim finito

Atento às exigências da própria sensibilidade e ao senso de rigor que a acompanha, o poeta indaga – ludicamente – sobre a matéria do poema, embora saiba que a poesia é uma forma de expressão *construída*, "uma arte de essências e medulas", como bem a definiu Ezra Pound.

Creio que a melhor maneira de traçar esse "trânsito" do poeta entre os dois pólos referidos, bem como traduzir o diálogo textual entre os seus três livros, seja percorrer, entre idas e vindas simultâneas, toda a trajetória poética do autor, desde o início da década de 80. Mostrar, em uma perspectiva não-linear, as intersecções (aqui, no sentido pessoano da palavra) que compõem o seu trabalho.

2

Tanto *Aqui & Agora* quanto *Sinal de Menos* foram publicados dentro do que se convencionou chamar de circuito paralelo de produção e distribuição independentes. De caráter, por isso mesmo, mais artesanal, e dirigidos a um grupo seleto de leitores, ambos exibem, desde a capa até a arte-final, um projeto gráfico cuidadoso e criativo, coerente com a proposta construtiva do autor.

Aqui & Agora pode ser configurado como um verdadeiro laboratório verbal onde Carlos Ávila põe a sua lucidez a serviço da palavra poética, sondando suas múltiplas possibilidades visuais, sonoras e semânticas. Nele, o poeta manifesta uma nítida consonância com a linha experimental/construtivista que marcou a poesia concreta dos anos 50 e 60, mas já prefigurando uma poética própria que, a partir de *Sinal de Menos*, vai mostrar com maior desenvoltura.

O fato de o primeiro livro e, em certa medida, o segundo incorporarem explicitamente procedimentos estéticos da poesia de vanguarda, não significa uma adesão ingênua ou apaziguadora do poeta a essa tradição. Aliás, uma das lições que ele aprendeu com os poetas concretos foi exatamente a do exercício crítico da criatividade. Por isso mesmo, não transformou formas em fórmulas. Afeito à pesquisa, criou novas formas e reinventou outras já existentes, assumindo lucidamente os riscos que toda ousadia requer.

Pode-se dizer que Carlos Ávila soube extrair da poesia concreta aquilo que ela tem de mais instigante e que a levou, por isso mesmo, a prestar um grande serviço à poesia brasileira contemporânea: a busca de uma linguagem poética substantiva, celular, refratária aos transbordamentos retóricos e às erupções sentimentais. E ainda: o exercício lúdico com a palavra, compreendida como um "campo magnético de possibilidades", e a apropriação engenhosa de outros códigos que não apenas o verbal.

Carlos Ávila soube aproveitar, com habilidade, todos esses ensinamentos. Desprovido de qualquer ânimo beligerante e ao mesmo tempo realizando uma rebelião silenciosa contra as superafetações retóricas da poesia cultuada no Brasil, desde o romantismo, bem como contra o que Augusto de Campos chamou de "as águas desorientadas e permissivas dos ecletismos pós-modernos", ele – mineiramente – construiu uma poesia mineral, de estrutura cristalina e de fina granulação.

Fiel à geometria do menos e sempre atento à idéia de limite, Ávila, já em *Aqui & Agora*, mostra-se não apenas lúcido, mas sobretudo lúdico no trato com a linguagem. Seu apreço pelos jogos verbais o leva a experimentos plásticos e sonoros que desafiam as leis da gramática e do dicionário. É nesse sentido que, ao longo do livro, desmembra vogais e consoantes de uma palavra ou de um verso, numa estrutura visual aberta; brinca parodisticamente com certos dizeres de origem bíblica ou do repertório popular; revitaliza – através de pequenas subversões semânticas – palavras esclerosadas pela força do uso convencional; insurge-se contra a tirania tipográfica que impõe uma visão linear e contínua do verso; evoca as radicalidades de Rimbaud, Huidobro e Torquato; briga com o adjetivo; converte brancos e silêncios em signos tão poderosos quanto a palavra e cala-se, ao associar a *"nudez da página"* à *"mudez do poeta"*, em um poema de apenas dois versos, separados um do outro por um enorme branco de papel.

Esse movimento rumo a uma espécie de grau zero da escrita, minimalmente semantizado no jogo sonoro *nudez/mudez* e mallarmeanamente visualizado na ênfase dada ao espaço vazio da página, se repete, com outras modulações, nos livros posteriores. Neles, a *"carnadura concreta"* do dizer se debate com o *"deserto de possíveis"* que a página representa. Uma *"luta branca sobre o papel"*, como bem a definiu João Cabral, que vai ser problematizada em vários poemas de Carlos Ávila: seja através da superfície fragmentada da linguagem, seja em imagens reincidentes como a do poeta *"diante da máquina/olhos/nos dedos/sem palavras"*, que aparece inalterada nas duas versões que ele fez do mesmo poema, uma em *Aqui & Agora* e outra – mais verticalizada – em *Sinal de Menos*.

Neste livro, inclusive, o poeta retoma – submetendo-o a um processo de ressemantização através da exploração ambígua do significante, o poemínimo da nudez/mudez, transfigurado agora em *"mudo/diante de tudo"* em que a mudez ganha uma nova vibração, por estar identificada com a idéia de mudança. Idéia, aliás, que vai ser explorada metaforicamente – e pela via intertextual – em *Ásperos*, onde o nada aparece como o signo de um *outro* dizer: *"o nada/de novo sob o sol:/nada como um dia atrás do novo/o sem-sentido/aponta sempre para um sentido outro"*.

Vale mencionar que essa mudança do poeta diante de tudo, que indicia também a busca, dentro do próprio silêncio, de uma nova dicção, já aparece no primeiro livro. Como se da mudez declarada na obra irrompesse uma outra voz: mais pessoalizada e menos desconfiada dos ardis da subjetividade. Surge uma poesia menos centrada em si mesma, mais ávida de vida e na qual o eu do poeta ganha um certo relevo. Esta nova dicção alcança uma maior nitidez em *Sinal de Menos* e se cristaliza, sem contudo renunciar ao substrato do menos, no livro inédito *Ásperos*, já que neste, a abertura temático-expressiva se alicerça no mesmo requinte formal que sustenta os demais.

Creio que o primeiro poema da seção intitulada "Eixo", de *Aqui & Agora*, pode ser tomado – com a devida cautela – como o ponto tangencial desse outro momento da poesia de Carlos Ávila, embora não apresente indícios explícitos de subjetividade. Nele, as palavras – impulsionadas por sucessivos deslocamentos e repetições – compõem um movimento rotativo vertiginoso e de forte densidade verbal. "*Vida*" e "*texto*", palavras nucleares do poema, se espalham e se espelham, sob as voltas e revoltas dos signos sobre a página. O texto, com isso, "*ganha em vida*", apontando uma "*direção múltipla de leituras*", no dizer do próprio poeta.

Essa abertura se completa na última parte do livro, "Não", onde o poeta – em tom de rebeldia e provocação – assume a primeira pessoa para exercitar uma poética de recusas: recusa da *"gorda glória"* e da *"fama fácil"*, recusa dos *"beltranos beletristas beletristes"*, enfim de todas as redundâncias poéticas e prosaicas. Carlos Ávila, aí, compõe o que ele mesmo chama de "biotexto", ou seja, poema, que sem deixar de ser linguagem e metalinguagem, descortina também um compromisso mais visceral com a realidade extratextual. Nas suas palavras: *"difícil é ser/ verbo que ninguém conjuga mais/poesia subentende vida/ para que sobreviva"*. E não bastasse essa posição, que se intensifica ao longo do poema e chega a lembrar Rimbaud, Carlos imprime – num repentino gesto autoral – a sua assinatura no final da página. Essa "mise-en-scéne" da subjetividade, que aponta para o que Roland Barthes chamou de "a volta do sujeito à cena da escritura" depois de seu longo confinamento sob as malhas da linguagem, vai se configurar, na poesia de Carlos Ávila, como um desvio maior para o campo da expressão, sem que isso signifique descaso para com o suporte construtivo ou adesão a uma poética confessional.

A assinatura que o poeta deixa no final do referido poema metaforiza, sem dúvida – pelo viés da caligrafia –, a idéia de "traço pessoal". Mas essa pessoalidade encenada não vai significar uma concessão ingênua às fulgurações da intimidade. Carlos Ávila, mesmo quando revela, em *Sinal de Menos*, *"voltei à vida/aprendiz de mim/por outras vias/que não a poesia"*; constrói pequenos auto-retratos, ou extrai do seu *pathos* amoroso uma lírica erótica, percebe-se que tudo isso passa pelo crivo da depuração estética. Contaminado pelo "vírus da linguagem", o poeta constrói uma subjetividade sem nudez, que, em alguns momentos, se ironiza a si mesma. É o caso do primeiro poema da segunda seção do livro, onde o nome CARLOS é desmembrado em letras que se dispõem verticalmente, quebrando o ritmo linear de um verso também vertical, e do qual é subtraído – explicitamente – o mais do sobrenome. Esse nome visualmente cindido, que contrasta com a inteireza caligráfica da assinatura deixada no livro anterior, mostra uma consciência irônica do próprio autor em relação a si mesmo enquanto poeta em permanente risco dentro da linguagem. "*O poema devora o poeta*", diz Ávila, à feição de Octavio Paz. Com isso, revela-se vigilante – embora flexível – quanto às armadilhas da palavra eu. Tanto que, mesmo quando explora alguns *flashes* de sua vida pessoal, em *Ásperos*, o pronome eu freqüentemente desaparece sob uma espécie de subjetividade despessoalizada. Algo parecido com o que Sebastião Uchoa Leite chamou de "estar fora de foco/atrás de minha voz". Isso já se mostra no poema intitulado *30*, publicado na *Revista Código*, em 85, que funciona como ponte entre os dois primeiros livros do autor. Numa visível e bem humorada referência a um dado de ordem biográfica, ou seja, os seus trinta anos, o poeta faz do eu uma figura em elipse dentro da linguagem.

No livro *Ásperos*, a subtração de pronomes pessoais é mais evidente, se comparado ao *Sinal de Menos*, embora, na mesma proporção dessa economia se possa perceber uma ênfase no timbre particular da voz do poeta. Sustentando a sua opção anterior por uma dicção laminar, propondo-se a entonar "*o dizer & o não-dizer/através do não-canto*", Carlos Ávila vai tensionar os seus poemas entre a reflexão ácida sobre o que é poesia e a inserção de cenas prosaicas dentro da obra. Tensão que se avizinha daquela que Cesário Verde soube conduzir com maestria em sua poética feita de "ácidos, gumes e ângulos agudos" e que Baudelaire levou aos deslimites com sua poética de crueldades. Não é à toa que o poeta francês é evocado no instigante poema "Baudelaire sob o sol", onde surge em "*efígie gráfica*" na estante exposta ao sol do escritório do poeta, e reaparece – por vias oblíquas – em "Rascunho no espelho", poema-*trash*, que busca alegoricamente sua matéria nas ruínas, naquilo que o poeta perdeu, esqueceu ou desprezou no "*terreno baldio*" da página, depositária dos "*montes de palavras não-ditas/como montes de lixo*".

Se, em *Sinal de Menos*, a linha "biotextual" se apresenta concentrada no "grão da voz" do poeta, em *Ásperos* ela se expande, inclusive no âmbito temático. Temas como a morte, o caos, a embriaguez, o tédio e o nada, conjugados com cenas triviais da vida urbana, como um velho jogando dados ao acaso com uma prostituta no fundo do bar, "vizinhos invizinhos" em ebulição no edifício, um copo de whisky invadindo o poético, denunciam um descentramento do autor rumo a uma poesia mais pluralizada no campo da expressão e mais afinada com aquela aspereza inerente ao poema que é levado, como afirma Cabral, a "andar pé no chão/pelos aceiros da prosa".

A tensão vibrante entre as esferas da arte e da vida, visível nas últimas páginas de *Aqui & Agora* e filtrada pelo micro-rigor de *Sinal de Menos*, ocorre, assim, em um novo contexto poético, no qual pode-se observar ainda um trabalho de Ávila no sentido de conferir às associações de imagens presentes ao longo do livro, uma notável concreção. É o caso do poema "Rua Outono", de caráter mais solar, em que a imagem da rua é geometrizada e semiotizada pelo olhar substantivo do poeta-*flâneur* que, ao optar pela vida, fora dos livros que "...*exalam/ palavrasonscores/em difícil poesia*" (mencionados no poema anterior, intitulado "Da palavra ao corpo"), segue "...*ao vento/sem metro/ou mestre*", sem, contudo, conseguir se livrar da poesia. Esta continua, áspera e musical, ao mesmo tempo, em todo o livro.

Menos concisos, embora essencializados em termos de imagem, expressão e apuro sonoro, os poemas de *Ásperos* se prismatizam ainda na fina rede intertextual de que são feitos. Apollinaire, Eluard, Cabral, Haroldo de Campos, Baudelaire, Rimbaud, Valéry, Drummond, Bandeira, Sá-Carneiro, Eliot, Mallarmé, Aragon, são alteridades que Ávila incorpora habilmente, através de pactos, raptos, saques e rastreios de versos, imagens, expressões e palavras, ciente que está agora de que até mesmo o branco da página é "soma de todos os textos", como declarou Paulo Leminski em *"Plena pausa"*. Aliando-se a isso um entrecruzamento sutil de versos, títulos e palavras escritos em francês, inglês e latim, o que também contribui para que a obra seja lida como um todo móvel e fragmentado, um espaço de confluência de vozes, tempos e espaços distintos.

Não obstante essa pluralidade, a marca digital do poeta permanece nos arranjos e desarranjos de linguagem, no trânsito entre a vida e o texto, na "fascinação do difícil", na combinação dialógica entre o nervo e o osso da palavra.

Toda a poesia de Ávila se equilibra nesse eixo. Por isso, talvez a melhor maneira de defini-la seja pela sua ambígua textura de cristal. Isso, se evocarmos Ítalo Calvino, no capítulo "Exatidão" do *Seis propostas para o próximo milênio*, quando diz que o cristal, além de ter certas propriedades emblemáticas, como a capacidade de refratar a luz, é formado por processos similares aos dos seres biológicos mais elementares, constituindo, por isso, "quase uma ponte entre o mundo mineral e a matéria viva".

É isto, a poesia de Carlos Ávila: substrato sólido, superfície transparente: pedra viva.

CARLOS ÁVILA (Belo Horizonte/MG, 1955) é poeta e jornalista. Publicou dois livros de poesia: *Aqui & Agora* e *Sinal de Menos*, ora reunidos nesta edição da Editora Perspectiva, juntamente com a série de poemas inéditos *Ásperos*, sob o título geral *Bissexto Sentido*.

Editou, em 1977, a revista *I*, em Belo Horizonte. Colaborou, não só com poemas mas também com resenhas e ensaios, em publicações como *Qorpo Estranho, Muda, Código, Folha de S. Paulo, Nicolau, Atlas, 34 Letras, Bric-a-Brac, Revista da USP, Inimigo Rumor* etc. Participou de diversos encontros e seminários como *Artes e Ofícios da Poesia* (SP, 1990), *A Palavra Poética na América Latina* (SP, 1990), *Festival de Inverno da UFMG* (BH, 1991), *Perhappiness* (Curitiba, 1992), *30 Anos da Semana*

Nacional de Poesia de Vanguarda (BH, 1993), *Poesia 96* (SP, 1996), *O Veículo da Poesia – Encontro de Periódicos Literários* (SP, 1998) etc.

Ávila, que está presente também em diversas antologias no Brasil e tem textos traduzidos no México e nos Estados Unidos, foi um dos poetas selecionados e publicados no volume *Nothing The Sun Could Not Explain (20 Contemporary Brazilian Poets)* – editado pela Sun & Moon Press (Los Angeles, 1997). Por quatro anos (1995/98) foi editor do *Suplemento Literário de Minas Gerais*, quando renovou inteiramente o jornal, sendo indicado para o *Prêmio Multicultural Estadão* de 1999. Seu poema "Mais uma Vez" do livro *Sinal de Menos*, foi musicado pelo compositor Gilberto Mendes.

Foto do autor: Izabel Chumbinho.

COLEÇÃO SIGNOS

1. *Panaroma do Finnegans Wake*
   Augusto e Haroldo de Campos
2. *Mallarmé*
   Augusto de Campos, Décio Pignatari, Haroldo de Campos
3. *Prosa do Observatório*
   Julio Cortázar (Tradução de Davi Arrigucci Jr.)
4. *Xadrez de Estrelas*
   Haroldo de Campos
5. *Ka*
   Velimir Khlébnikov (Tradução de Aurora F. Bernardini)
6. *Verso Reverso Controverso*
   Augusto de Campos
7. *Signantia: Quasi Coelum / Signância: Quase Céu*
   Haroldo de Campos
8. *Dostoiévski: Prosa Poesia*
   Boris Schnaiderman
9. *Deus e o Diabo no Fausto de Goethe*
   Haroldo de Campos
10. *Maiakóvski – Poemas*
    Boris Schnaiderman, Augusto e Haroldo de Campos
11. *Osso a Osso*
    Vasko Popa (Tradução de Aleksandar Jovanović)
12. *O Visto e o Imaginado*
    Affonso Ávila
13. *Qohélet / O que Sabe – Poema Sapencial*
    Haroldo de Campos
14. *Rimbaud Livre*
    Augusto de Campos
15. *Nada Feito Nada*
    Frederico Barbosa

16. *Bere'shit – A Cena da Origem*
    Haroldo de Campos
17. *Despoesia*
    Augusto de Campos
18. *Primeiro Tempo*
    Régis Bonvicino
19. *Oriki Orixá*
    Antonio Risério
20. *Hopkins: A Beleza Difícil*
    Augusto de Campos
21. *Um Encenador de Si Mesmo: Gerald Thomas*
    Sílvia Fernandes e J. Guinsburg (orgs.)
22. *Três Tragédias Gregas*
    Guilherme de Almeida e Trajano Vieira
23. *2 ou + Corpos no Mesmo Espaço*
    Arnaldo Antunes
24. *Crisantempo*
    Haroldo de Campos
25. *Bissexto Sentido*
    Carlos Ávila
26. *Olho de Corvo*
    Yi Sán^g (Tradução de Yun Jung Im)

Impresso nas oficinas da
Gráfica Palas Athena